LE

NAPOLÉONISME

LAON

Imprimerie Henry Le Vasseur, rue St-Jean, 39.

1874

LE

NAPOLÉONISME

Dans nos campagnes, quelques habitants sont encore partisans de Napoléon III.

Comment, en plein XIXe siècle, peut-il se trouver encore des hommes conservant un souvenir affectueux pour celui qui, par son incapacité, a fait envahir la France, en 1870, a perdu notre gloire militaire, ainsi que deux de nos plus belles provinces, la Lorraine et l'Alsace, et nous a réduits à acheter la paix par une exhorbitante rançon, sept fois plus forte que la plus forte qui ait jamais été payée. (Celle versée par nous, en 1815, à la suite de la seconde invasion causée par Napoléon Ier?)

La crédulité seule en est cause.

Excitant leur pitié afin de les tromper plus facilement, les exploiteurs du parti napoléoniste leur insinuent que les désastres de la France ne sont pas dus à l'incapacité et à la faiblesse de Napoléon III, mais bien à la trahison : de plus, ils allèguent, que, sous son règne, la prospérité publique était plus grande qu'aujourd'hui, et que cette prospérité ne renaîtra qu'avec son fils (enfant de 18 ans).

Braves habitants des campagnes, il est temps que vous ne soyez plus dupes d'imposteurs qui, pendant 18 ans, ont vécu du gaspillage des fonds publics : Je vais vous exposer sincèrement la vérité que je vous engage à faire vérifier par tout homme de votre connaissance, éclairé et honnête.

Napoléon a déclaré la guerre, sans motifs, sans préparatifs et sans alliances, contrairement à l'usage général fondé sur le bon sens.

Sans motifs! En effet, le prince Hohenzollern, conformément à la demande de la France, avait renoncé à la couronne d'Espagne, que lui offrait le parlement espagnol, et le roi de Prusse n'avait pas insulté M. Benedetti, notre ambassadeur, ainsi que l'ont avancé nos ministres, lesquels n'ont jamais pu produire la dépêche de notre ambassadeur annonçant la prétendue insulte.

Sans alliances! Pendant la guerre avez-vous vu les troupes d'un seul peuple d'Europe combattre avec nous ?

Sans armements ! Ne savez-vous pas que nos mobiles, nos mobilisés et même nos jeunes soldats, appelés en août, manquaient de chassepots et de canons ?

Des centaines de millions, votés quelques années auparavant, par le Corps législatif, pour la transformation de nos armes et pour l'achat de matériel de guerre, au lieu de recevoir leur destination, avaient été dilapidées. (Rapport, affiché dans les communes, de M. d'Audiffret-Pasquier à l'Assemblée nationale.)

La caisse devant contenir les prix d'exonération du service militaire avait été dilapidée aussi. (En 1870, ce fait a été publié, par tous les journaux, sans avoir été démenti.)

Au lieu d'être au complet, nos régiments étaient réduits au plus mince effectif, ce qui permettait de détourner les millions que nous payions pour l'équipement et la nourriture de soldats absents, crus par nous présents sous les drapeaux. (Le vote du plébiscite de 1870 a prouvé cette absence. Demandez aux hommes de votre village, qui étaient alors sous les drapeaux, de combien de fusiliers présents étaient formés les bataillons.)

Les approvisionnements n'avaient pas même été préparés : trois jours après son départ du camp de Châlons, la malheureuse armée de Sedan, manquant de vivres, était réduite à manger, dans les champs, des betteraves et des pommes de terre, alors qu'il était si facile de lui expédier, par le chemin de fer dit de Soissons, des moutons et des bœufs chargés au marché de la Villette où il en arrivait dix milliers par semaine.

Il n'avait pas même été dressé de plan de campagne : aussi, nos soldats, éparpillés, en petits corps, sur une étendue de 70 lieues, de Belfort à Thionville, attaqués successivement par les masses ennemies, ont-ils été inévitablement écrasés, malgré leur bravoure, à Wissembourg, à Forbach et à Reichschoffen.

Est-ce que ces faits n'établissent pas jusqu'à la dernière évidence la complète incapacité de Napoléon III, surtout quand la veille de la déclaration de guerre, M. Thiers, bien informé, affirmant au Corps législatif que nous n'étions pas suffisamment préparés, suppliait le gouvernement de ne pas déclarer la guerre ?

Le code militaire détermine certains faits, entraînant trahison et punissables de la peine de mort : ainsi, la livraison d'une armée à l'ennemi en rase campagne.

Ne vous souvient-il pas que le 2 septembre 1870, à Sedan, se refusant à faire sur Montmédy la trouée sollicitée par le brave général Wimpffen, Napoléon III a livré aux Prussiens son armée de 90 mille hommes ? honte qui ne s'est vue chez aucun peuple !

Au lieu d'avoir été trahi, c'est Napoléon III qui a trahi la France !

Vous rappelez-vous que le 28 octobre 1870, Bazaine, cet infâme, a livré aussi à l'ennemi Metz et notre plus belle armée, 173 mille hommes ? Eh bien ! ce Bazaine qui a été condamné à mort par sept généraux français unanimes, le 10 décembre 1873, vient, dans sa fuite, le vendredi 15 août 1874, de *visiter*, dans leur château d'Arenenberg (Suisse), *l'ex-impératrice et son fils, qui l'ont accueilli affectueusement*, avec l'amicale poignée de main. (Voir le journal bonapartiste *la Liberté* et le journal *le Temps*, des 18 et 19 août)

Une *réception* aussi scandaleuse ne *suppose-t-elle pas la complicité de Bazaine avec Napoléon III et sa veuve, approuvée par leur fils ?*

Pauvre France, que peut-elle attendre d'un tel fils ?

Le 19 août dernier, à Spa, Bazaine n'a-t-il pas reçu la visite des sommités bonapartistes et des télégrammes de félicitations émanées de bonapartistes ? (Voir le journal *l'Evénement* du 20 août.)

Chers campagnards, dans votre patriotisme droit, vous regrettiez que la condamnation à mort de Bazaine n'eût pas été exécutée ; aujourd'hui les chefs du parti napoléoniste vont le complimenter de sa trahison.

Où de tels exploiteurs nous conduiraient-ils, s'ils revenaient au pouvoir avec le fils de Napoléon ?

Examinons maintenant la prospérité matérielle de l'empire.

Les agents les plus puissants du développement agricole, industriel et commercial moderne, sont les chemins de fer, dont la puissance a commencé à se faire sentir lors de l'avènement de Napoléon, sous lequel il en fut construit peu, comparativement aux autres nations de l'Europe. En effet, sous le rapport de l'étendue relative de ces chemins, la France, malgré la fertilité de son sol et la beauté de son climat, n'arrive qu'en sixième rang.

A ce développement a puissamment contribué la découverte des mines d'or de la Californie, fait quasi fortuit et étranger à Napoléon.

Ce qui est propre à Napoléon, ce sont deux séries de faits n'entraînant qu'une activité passagère et finalement perturbatrice.

En première ligne s'offre la pression qu'il exerça sur les grandes villes et notamment sur Paris, en les contraignant à des constructions exagerées, qui dépeuplaient les campagnes d'habitants, voués à la misère le jour où la mesure des constructions étant comble, elles devaient cesser : d'ailleurs il est bon de remarquer que ce genre de travail, ne produisant ni denrées ni matières premières, accroît à peine la richesse publique et ne peut durer que fort peu de temps. Bien autrement important, au contraire, surtout pour les campagnes, eussent été les résultats de défrichements, de dessèchements et de boisements, accompagnés de créations de voies de communication par terre et par eaux.

En seconde ligne, viennent les 5 milliards 690 millions dont Napoléon III a augmenté la dette nationale de 1852 à 1870 (voir les budgets de ces deux années) : ces 5 milliards 690 millions ont produit, pendant quelque temps, un considérable mouvement de fonds qui, s'ils s'étaient portés vers l'agriculture ou l'industrie, au lieu de prendre la voie de la Bourse, auraient été beaucoup plus utiles à l'enrichissement public. D'une part, cette déviation de capitaux, d'autre part, les honteuses dilapidations de Napoléon III et de son gouvernement, ainsi que ses créations illimitées de fonctionnaires, ayant élevé annuellement à 25 fr. par tête d'habitant les frais d'administration qui, dans la République suisse, ne sont que de 6 francs, il en est résulté qu'en France l'amélioration matérielle du sort des paysans, pendant l'empire, a été moindre que dans les autres contrées de l'Europe (voir *l'Empire et les Paysans*, de Veautibaut, chez Godet, place des Victoires, 6).

Quand le nombre des maisons construites, notamment à Paris, devint plus que suffisant, toute cette fausse prospérité commença à crouler : ainsi, en février 1870, la carrière de pierres dures, si estimées à Paris, de Laversine (Aisne), arrêta son exploitation par encombrement de marchandises qu'elle ne pouvait plus placer. Qui ne se rappelle qu'au moment de la guerre, une affreuse crise commerciale, prévue depuis longtemps par tout homme éclairé, allait fondre sur la France ?

La dette de 5 milliards 690 millions contractée en 18 années peu agitées et destinée à couvrir d'incessantes dilapidations bien connues, ne menait-elle pas fatalement à la banqueroute dans un temps donné ? Remarquez que ces dix-huit années ont été marquées par les guerres de Crimée, d'Italie, de Chine, de Cochinchine, du Mexique et de la Prusse, bien que Napoléon, au moment où il convoitait l'Empire, pour allécher le peuple toujours crédule, eût déclaré à Bordeaux : que l'Empire c'était la paix. Total six guerres ou boucheries humaines dues au bon plaisir d'un seul homme, maître absolu, tandis que, durant la même période, quelques peuples d'Europe, grâce à leur liberté, n'en ont pas eu à déplorer une seule, et les autres n'en ont eu à déplorer que deux au plus.

Tout gouvernement despotique (et celui de Napoléon l'était au suprême degré, témoin ses fusillades, ses proscriptions et ses restrictions de toutes nos libertés) n'amène-t-il pas inévitablement, faute de contrôle, la dépopulation et l'appauvrissement d'une nation ? (Ainsi l'Espagne sous Philippe II et la France sous Louis XIV.)

Enfin, la cessation de la production pendant la guerre de 1870, les destructions de l'invasion, l'insurrection de la Commune, relevant de causes nombreuses, dont quelques-unes dues à Napoléon et à ses partisans, les 3 milliards dépensés pour cette guerre, et les exorbitants 5 milliards sortis de France pour la Prusse, ont amoindri la richesse nationale et amené une gêne, aggravée par les mauvaises récoltes de 1871 et de 1873 et qui pèsera longtemps sur nous. D'ailleurs, avec la charge seule des nouveaux et énormes impôts, nécessités par l'incapacité de Napoléon, il ne pouvait en être autrement.

Cette gêne, grâce à l'amour du travail et à l'esprit d'ordre et d'économie qui distinguent la nation, et grâce aussi à la sagesse, à l'habileté de l'administration de M. Thiers, le premier président de la République, est moindre que les hommes éclairés ne s'y attendaient et que certains esprits malveillants affectent de la supposer.

Ainsi, dans nos campagnes, sous l'Empire, jamais les ouvriers n'ont touché des salaires aussi élevés que maintenant, et jamais les producteurs de denrées agricoles ne les ont vendues aussi cher. Dans la 1re quinzaine d'août 1869, le prix moyen du kilogramme de bœuf était de 1 fr. 43 cent., au marché de Poissy ; le 13 août 1874, il s'élevait à 1 fr. 60 cent., au marché de la Villette. Dans l'Aisne, sous les quatre dernières années du règne de Napoléon, en 1866, 1867, 1868 et 1869, la laine mérinos en suint s'est vendue en moyenne 1 fr. 90 le kilo., et dans les quatre premières années de la République, en 1871, 1872, 1873 et 1874, 2 fr. 27 cent.

Il est vrai que l'industrie souffre : d'abord, par suite des impardonnables fautes précitées de Napoléon ; puis, parce qu'une crise commerciale pèse en ce moment sur l'Europe, comme cela arrive de temps à autre, quand il y a encombrement momentané de produits ; et enfin, parce que la faible majorité royaliste de l'Assemblée se refusant à instituer définitivement la République, ce que l'opinion publique la contraindra à faire sans doute prochainement, cause un défaut de confiance, funeste aux transactions commerciales.

Si l'institution républicaine était fondée définitivement, le développement industriel et commercial reprendrait son cours normal, comme nous l'avons vu pendant tout le temps que M. Thiers a dirigé le pouvoir exécutif. Ainsi, pendant les onze premiers mois de 1872, nos exportations se sont élevées à 3 milliards 337 millions, et nos importations à 3 milliards 190 millions, tandis que, pendant la même période de 1869, nos exportations ne s'étaient élevées qu'à 2 milliards 846 millions, et nos importations à deux milliards 884 millions.

Il n'est peut-être pas inutile de rappeler ici que, depuis 60 ans, chaque année, chez tous les peuples de l'Europe, excepté dans quelques cas très-rares, la production générale excédant la consommation, il y a accroissement de la richesse publique.

Voyons enfin si, Napoléon fils succédant à son père, l'ancienne prospérité renaîtrait.

Au lieu de prospérité, outre la honte, d'épouvantables malheurs, suivis d'une affreuse misère, anéantiraient la France !

Qui oserait soutenir qu'un enfant de 18 ans, avec une mère espagnole, ignorante, violente et fanatique comme la plupart de ses compatriotes, soit capable de gouverner la France, divisée en plusieurs partis, dont l'un, le parti républicain est si prédominant (les élections l'ont prouvé) surtout dans toutes les villes, toujours plus à même que les campagnes d'apprécier nos gouvernants avec lesquels elles ont de plus fréquents contacts ?

L'histoire n'établit-elle pas que depuis 1789, pas un chef d'aucun de nos gouvernements, n'a pu résister à l'opposition seule de Paris qui, grâce à son voisinage du siége gouvernemental, a toujours si bien jugé leur incapacité ou leur indignité ?

Dans de telles conjonctures, vu l'incertitude de l'avenir, la confiance nécessaire aux transactions faisant défaut, la crise industrielle et commerciale serait beaucoup plus intense qu'actuellement.

A sa rentrée, le jeune Napoléon s'entourerait nécessairement de tous les courtisans et intrigants qui entouraient naguère son père, et qui travaillent actuellement à sa restauration : Il suffit de rappeler les visites précitées d'Arenenberg et de Spa. Or, tous ces hommes sont connus : sous leur administration, nos finances ont été sans cesse dilapidées, et le plus grand nombre des fonctions n'ont été accordées qu'au favoritisme. Aussi, en septembre 1870, comme cela devait être avec de pareils hommes, la plupart ont fui au moment du danger, et les autres, moins quelques-uns, ont montré dans la guerre, leur incapacité et leur indignité.

Il débuterait sans doute comme son père qui (vous l'avez lu affiché alors dans vos écoles) pour mieux opprimer le peuple, ne permettait à l'enfant de 13 ans de fréquenter l'école qu'avec l'autorisation du maire, et restreignait l'enseignement primaire à la lecture, l'écriture, la grammaire et le calcul avec les poids et mesures. Quant aux autres connaissances humaines, elles ne pouvaient être enseinées que facultativement.

Ce jeune Napoléon, étant le filleul du Pape, condescendrait sans doute au désir de son parrain, qui, par suite de la réunion volontaire du peuple romain au royaume d'Italie, ayant perdu le gouvernement temporel de Rome, désire toujours le recouvrer. De là, une guerre immédiate avec l'Italie qui ne souffrirait plus que nos soldats occupassent Rome comme ils l'ont toujours occupée, à leur grand regret, à la demande du Pape, pendant tout le règne du faux dévot Napoléon III. Les hommes d'Etat allemands disent avec raison que le jeune Napoléon, pour se soutenir sur le trône, serait obligé de reprendre sa revanche contre eux. Afin ne pas lui en laisser le temps et de l'accabler avant qu'il pût être prêt, ils sont disposés à envahir la France le jour où ce jeune homme y rentrerait. Alors, partage de notre pauvre patrie, comme naguère de la Pologne et sa ruine à la suite d'une guerre vous coûtant bien plus d'enfants que les 100 mille que vous a coûtés la dernière.

Avant de terminer, je vous engage de nouveau, braves campagnards, à consulter un homme honnête et instruit ; il vous dira :

Que, jusqu'à la révolution de 1789, la dîme du clergé, les droits féodaux de la noblesse et les priviléges du roi, heureusement abolis par cette révolution, plongeaient nos pères dans une affreuse misère poussée jusqu'au servage ;

Que, sans la République, qui a vaincu la plupart des rois et empereurs de l'Europe, armés contre cette noble Révolution, nous serions encore plongés dans cette misère sans doute un peu amoindrie ; (voir le voyage agricole du célèbre agronome anglais Young, en France, dans les années 1787, 88, 89 et 90. Après avoir exposé d'abord l'affreuse mi ère et la profonde ignorance de nos paysans, puis les bienfaits de la Révolution, l'auteur ajoute : « Un pareil peuple (le paysan) » aurait-il jamais pu faire une révolution » pour devenir libre ? Jamais, pas de cent » mille ans. C'est le peuple *éclairé* de Pa- » ris au milieu de milliers de journaux, » qui a tout fait. »)

Que la monarchie, rétablie, chez nous, depuis trois quarts de siècle, en a été expulsée quatre fois parce que rois ou empereurs, s'appuyant, dans la préoccupation de leur intérêt dynastique, soit sur le clergé, soit sur les classes dites supérieures, se sont toujours écartés des principes de liberté, de justice et d'égalité civile et politique, proclamés par notre grande Révolution ;

Et que ces salutaires principes ne peuvent être appliqués que par la République qui, comme gouvernement de tous par tous, est incompatible avec tous priviléges et tous abus. Maintenant, mes chers amis, initiés aux grands faits de nos illustres pères dans ces derniers temps, et connaissant la vérité sur Napoléon III, sur la honte et sur les malheurs inséparables du retour de son fils, le nouvel ami de Bazaine, vous repousserez énergiquement tout candidat napoléoniste sollicitant vos suffrages, soit pour le Conseil général, soit pour la députation.

Agissant ainsi, vous vous montrerez supérieurs à vos ancêtres, peu éclairés, des IVe et Ve siècles, lesquels furent appelés païens (du latin *pagus*, paysan) parce que, continuant le culte de la barbare religion druidique, ils repoussèrent longtemps le *Christianisme, progrès capital d'alors*, que les villes, plus éclairées, acclamaient comme elles acclament aujourd'hui la *République, progrès capital de notre temps.*

✶✶✶

9 782011 621382